AF452478

DES

DEVOIRS DES ENFANTS

ENVERS LEURS PARENTS.

PARIS. — IMPRIMERIE DE CASIMIR,
Rue de la Vieille-Monnaie, n° 12.

DES
DEVOIRS DES ENFANTS

ENVERS

LEURS PARENTS;

Par M. Barrau,

OFFICIER DE L'UNIVERSITÉ, PRINCIPAL DU COLLÉGE
DE CHAUMONT (HAUTE-MARNE).

Ouvrage couronné par la Société pour
l'enseignement élémentaire

Dans sa Séance générale du 28 mai 1837.

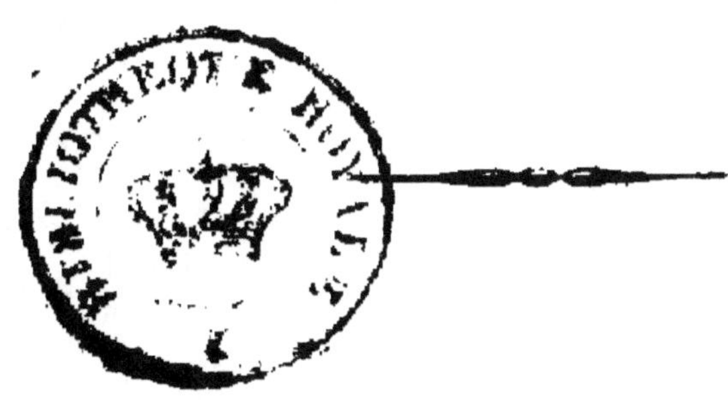

PARIS.

LOUIS COLAS, LIBRAIRE,
RUE DAUPHINE, 32,

—

1837

L'auteur se fait un devoir de reconnaître qu'il n'est
que le rédacteur et non l'inventeur de la plupart des
historiettes insérées dans cet opuscule.

DES
DEVOIRS DES ENFANTS
ENVERS LEURS PARENTS.

CHAPITRE PREMIER.

RECONNAISSANCE DUE AUX PARENTS.

Dieu a dit à l'homme dans son quatrième commandement : « Tu honoreras ton père et ta mère, afin que tu jouisses d'une longue vie. »

Le Code de lois auquel tous les Français sont tenus d'obéir contient cet article : « L'enfant, à tout âge, doit honneur et respect à ses père et mère ; il est soumis à leur autorité jusqu'à ce qu'il soit devenu majeur. »

Ainsi la loi de Dieu et la loi du pays ont prescrit la même chose ; la religion et la patrie, qui ont le droit de régler notre conduite, nous imposent la même obligation.

Mais si ce commandement de Dieu et si cette loi de notre pays ne nous étaient pas connus, l'obligation d'honorer nos parents n'en serait pas moins sacrée pour nous : car elle est écrite dans notre cœur ; elle est une loi de notre nature.

En effet, l'ingratitude est le plus odieux des vices, et la reconnaissance est le plus saint des devoirs.

Or, à qui devons-nous plus de reconnaissance qu'à notre père et à notre mère ?

Nous n'étions pas ; et, après Dieu, c'est à eux que nous devons l'existence : c'est par eux que nous participons à tous les biens que la Providence a accordés au genre humain ; c'est par eux que nous sommes hommes, Français et chrétiens ; c'est par eux que nous avons l'inestimable bonheur de connaître Dieu et de le servir, et l'espoir de jouir des récompenses qu'il promet à la vertu.

Nous naissons faibles et exposés à toutes sortes de maux ; nos parents nous en préservent avec une tendresse et une attention qui ne se rebutent jamais. Nous naissons dépourvus de tout ; nos parents ne cessent de nous prodiguer les secours qui nous sont nécessaires. Nous naissons stupides ; nos parents forment notre jugement, nous apprennent à connaître les choses et à parler. Tout ce que nous n'avons pas à notre naissance, et dont nous avons besoin étant grands, nous est donné par leurs soins.

Avant même notre naissance, notre père pensait à nous; il travaillait afin d'amasser tout ce qui nous serait nécessaire; il faisait en notre faveur le plus d'épargnes qu'il lui était possible; il se privait de beaucoup de choses pour que rien ne nous manquât.

Notre mère fait peut-être plus encore pour nous. Elle souffre beaucoup tandis qu'elle nous porte dans son sein; elle met son enfant au monde avec de cruelles douleurs qui exposent sa vie; elle l'allaite et lui donne tous ses soins. Cependant l'enfant qui vient de naître ne connaît pas même encore celle qui lui prodigue tous les témoignages de sa tendresse; il ne peut pas faire connaître ses propres besoins; mais elle cherche à deviner ce qui lui convient, ce qui peut lui plaire; elle ne cesse de se tourmenter nuit et jour, sans savoir quelle récompense elle recevra de tant de peines.

Dans les maladies de leur enfant, le père et la mère prennent de lui les soins les plus assidus; ils négligent leur propre santé pour lui rendre la sienne. Ils tremblent toujours qu'il ne manque de quelque chose, et, dans les prières qu'ils adressent à Dieu, ils implorent continuellement ses bienfaits pour leur enfant.

Dès qu'il est capable de recevoir quelques leçons, ils s'empressent de lui enseigner ce qui pourra lui être utile un jour. Ils l'envoient dans les écoles, et ne regrettent aucune dépense pour lui donner de l'instruction. Ils ne négligent rien pour le former à la vertu et pour lui inspirer des sentiments de probité et d'honneur.

Ils le mettent en état de soutenir honorablement son existence, selon leur condition et leur fortune. Quelquefois même, pour lui assurer un état avantageux, ils font des sacrifices au-dessus de leurs forces.

Lorsqu'il est en âge de se marier, ils se dépouillent pour lui d'une partie de ce qu'ils possèdent, et ils ménagent soigneusement le reste pour le lui laisser après leur mort.

En un mot, ils sont continuellement occupés du bonheur de leur enfant; ils ont pour lui une tendresse inaltérable; il semble qu'ils ne respirent que pour lui.

Comment donc un enfant pourrait-il ne pas conserver pendant toute sa vie pour son père et pour sa mère la plus vive et la plus profonde reconnaissance ?

Un enfant est-il en danger, son père et sa mère s'exposent à tout pour le sauver. On pourrait citer des milliers d'exemples de cette tendresse généreuse des parents pour leurs enfants. Nous rapporterons seulement celui de Clémentine.

CHAPITRE II.

✧

HISTOIRE DE CLÉMENTINE.

✧

Le Roussillon, qu'on appelle aussi département des Pyrénées-Orientales, est une charmante contrée qui fait partie de la France et qui est séparée de l'Espagne par les Pyrénées.

Dans ce beau pays, les orangers, les citronniers, croissent en pleine terre ; les champs y sont entourés de haies d'aloès.

Mais il s'y trouve quelques animaux malfaisants, entre autres des serpents dont la morsure donne la mort ; dans le pays on appelle ces serpents *aspics*, quoique ce ne soit pas leur véritable nom.

Dans une plaine fleurie du Roussillon, au milieu d'un bosquet de citronniers, s'élevait une maison solitaire. Là vivait la bonne Clémentine, dont la tendresse et les vertus faisaient le bonheur de son mari et de ses enfants. Elle était extrêmement belle, mais elle était encore plus chère à son mari par la bonté de son cœur que par les grâces de son visage. Elle faisait encore plus pour ses enfants par les tendres soins qu'elle prodiguait à leur éducation, qu'elle n'avait fait en leur donnant la vie.

Un jour, depuis le frais crépuscule du matin jusqu'au soir où la chaleur était encore accablante, elle avait travaillé sans relâche, pendant que son époux, loin d'elle, se livrait aux travaux de l'agriculture. Sans songer à elle-même pendant un seul instant, sans prendre aucun repos, elle avait épuisé ses forces à mettre sa maison en ordre et à soigner ses petits enfants. Joyeuse de voir son ouvrage achevé, elle vint sur le seuil de la porte, et d'un œil où se peignait toute la sollicitude d'une mère, elle chercha son fils Antoine; elle le vit, non loin de là, qui jouait avec sa sœur Antoinette, sous des oliviers, près d'un buisson de roses.

Tranquille après les avoir vus, elle rentra aussitôt dans sa maisonnette, dont une extrême propreté faisait tout l'ornement. L'heure du repas approchait; elle plaça sur une table un repas frugal, mais sain et abondant. Ensuite, souriant et retenant son haleine, elle resta quelque temps penchée sur le berceau où son nourrisson, avec une respiration bruyante et les joues couleur de pourpre, goûtait un paisible sommeil. Puis elle prit une chaise, s'assit tout doucement auprès du berceau, et se mit à filer.

Le silence qui régnait dans la cabane, la respiration régulière de l'enfant endormi, la tiède haleine du vent qui se jouait devant la fenêtre à travers la treille touffue, le chant paisible d'une hirondelle qui gazouillait sur le toit, et surtout la fatigue causée par quatorze heures de travail, amenèrent insensiblement le sommeil sur les yeux et dans les sens de Clémentine.

Mais elle se réveilla promptement. « Il ne faut pas que je dorme, se dit-elle à elle-même, Antoinette a besoin d'un vêtement neuf; » et, en se frottant les yeux, elle dissipa cette lassitude qui l'accablait.

Dieu! comme une mère aime à repousser le sommeil de ses paupières afin de travailler pour ses enfants! Combien de fois elle le fait, et avec quel plaisir!

Clémentine filait avec ardeur; son rouet tournait rapidement. Tout à coup elle entend son fils pousser un cri d'effroi. Épouvantée, elle s'élance au-dehors de la cabane, elle frémit en voyant Antoine qui ramenait la petite Antoinette toute tremblante ! Elle est saisie d'une crainte mortelle en entendant son fils lui crier de loin : « Maman, chère maman, voyez comme la main d'Antoinette saigne, un aspic l'a mordue. » Clémentine s'écrie en sanglotant : « Ah ! ma fille ! ma fille ! un aspic ! Dieu ! Pourquoi les ai-je laissés jouer là ? Pourquoi les ai-je perdus de vue un seul instant ? Pourquoi me suis-je endormie ? au secours ! au secours ! »

C'est là tout ce qu'elle put dire en sanglotant et en versant des larmes amères.

Un homme passait alors en marchant très-vite ; d'une voix entrecoupée, elle le conjura de s'arrêter et de venir à son secours.

« Jeune femme, dit le voyageur, je ne peux pas m'arrêter ; je vais voir mon père, qui est très-malade, dans le village voisin. D'ailleurs, je ne sais qu'une chose. Tâchez de vous procurer un chien qui suce le poison de la plaie. Mais hâtez-vous, ne perdez pas un moment, je ne connais pas d'autre remède. »

Et il s'en alla. Clémentine chancela comme saisie d'un vertige soudain. Le désespoir se peignait sur son visage pâle. Mais, un instant après, son front devint serein, elle se leva dans un transport de joie.

« Un chien sucer le poison de sa blessure ! Non, un chien ne le ferait pas, mais une mère le peut, une mère le fait. » A l'instant, elle saisit vivement sa fille par le bras ; elle appliqua ses lèvres sur la blessure, et suça, suça longtemps avec une ardeur inexprimable.

Cependant le père arrivait ; Antoine, le voyant venir, court à sa rencontre, lui raconte ce qui est arrivé et ce que fait sa mère. Le jeune époux pâlit d'effroi, il chancelle, et il est obligé de s'appuyer contre l'arbre le plus voisin.

« Qu'avez-vous, mon père ? » s'écrie l'enfant en s'élançant comme pour le secourir. En ce moment, le bâton que son père tenait à la main tomba à terre. L'enfant voit ce bâton, autour duquel était entortillée une couleuvre morte. L'enfant recula en frémissant d'horreur : « Ah ! dit-il, voilà le serpent qui a mordu Antoinette.

— Que dis-tu, ô mon fils ! s'écrie le père en revenant à lui ; quoi ! le serpent qui a mordu ta sœur était-il semblable à celui que tu vois ?

— Oui, répondit l'enfant, entièrement semblable. »

Le père respire, et pousse un cri de joie. « Ah, Dieu soit loué ! s'écria-t-il, le serpent qui a mordu Antoinette n'est donc point un aspic ! c'est une couleuvre dont la morsure ne peut faire de mal, et ce n'est pas du poison que Clémentine a avalé en suçant la plaie. »

Les yeux mouillés de larmes, il arrive à la cabane, il prend dans ses bras et la fille et la mère, il les tient longtemps pressées contre son cœur ; et dans l'ivresse de sa joie, il dit :

« Ah méchante, excellente femme ! que tu m'as effrayé ! Mais, grâce à Dieu, le serpent n'était pas venimeux. Dieu soit loué ! nous vivrons encore ensemble : jamais je n'oublierai ce trait de tendresse maternelle, jamais aucun de tes enfants ne l'oubliera. »

Les heureux époux entrèrent en silence dans la cabane, où les enfants les suivirent. Le soleil couchant frappant sur les vitres de la fenêtre colorait la table d'un reflet rose. Le petit enfant dans son berceau, ouvrant largement les yeux, regardait autour de lui, et souriait à ses heureux parents.

CHAPITRE III.

AMOUR FILIAL.

Nous devons plus d'amour à notre père et à notre mère qu'à tous les autres objets de notre affection : car jamais personne ne nous rendra des services qui approchent de leurs bienfaits.

Jamais, non plus, dans toute la suite de notre vie, nous ne trouverons personne qui nous aime autant que nos parents nous ont aimés.

Les amis que nous choisirons par la suite, quelle que soit la chaleur et la sincérité de leur affection, peuvent nous abandonner ou nous trahir ; l'absence, ou de nouveaux liens de famille, ou des amitiés nouvelles, pourront nous faire oublier d'eux ; mais un père et une mère ne trahissent jamais, n'abandonnent jamais, n'oublient jamais leur enfant.

Si nous perdons notre ami, ou notre épouse,

nous pourrons retrouver un autre ami, une autre épouse ; et peut-être ces nouveaux objets de notre affection vaudront-ils mieux pour nous que ceux que nous avons perdus. Mais un bon père ou une bonne mère est un précieux trésor, que le Ciel ne nous accorde qu'une seule fois. Quand nous avons eu le malheur de les perdre, nous ne pouvons les remplacer. Personne ne saurait être ce qu'ils étaient pour nous.

Aimons donc tendrement nos parents ; plus nous les aimerons, plus nous deviendrons sages et estimables : car cet amour, que Dieu lui-même nous a commandé, est inséparable de celui de la vertu.

Aimons nos parents tels qu'ils sont, et tels que Dieu nous les a donnés ; aimons non-seulement leur personne, mais leur état et leur condition.

Si nos parents sont pauvres, obscurs, malheureux, nous ne devons pas désirer d'être nés dans une famille plus riche, plus honorée, plus heureuse : ce serait un sentiment criminel et impie ; ce serait un blasphème contre la Providence. Mais, au contraire, nous devons les aimer, s'il est possible, davantage, parce qu'ils ont dû souffrir pour nous et à cause de nous beaucoup plus de privations et de peines ; et aussi parce que notre tendresse et notre bonne conduite sont peut-être leur seule consolation dans leurs maux.

Ne soyons donc pas jaloux des enfants dont les parents sont plus riches et plus heureux que les nôtres ; mais faisons en sorte qu'aucun enfant ne donne à ses parents plus de satisfaction et de bonheur que nous.

CHAPITRE IV.

✿

LE JEUNE BERGER.

✿

Marcellin, jeune berger, conduisait son troupeau sur les montagnes. S'étant enfoncé dans les gorges pour chercher une de ses brebis dans un bois sauvage, il trouva dans ce bois un homme couché sous un buisson. Cet homme paraissait accablé de fatigue, et respirer à peine.

« Jeune berger, dit l'homme, je meurs de faim et de soif. Hier je suis venu sur cette montagne sauvage pour y chasser les sangliers et les chevreuils. Je me suis égaré ; je n'ai trouvé aucune cabane ; je n'ai pu découvrir aucune fontaine pour étancher ma soif, ni aucune nourriture pour apaiser ma faim. »

Aussitôt Marcellin tira de son panier du pain et du fromage frais, qu'il lui donna. « Mangez, lui dit-il, et suivez-moi ; je vais vous conduire vers un vieux chêne dans le tronc duquel il y a toujours de l'eau. »

Le chasseur mangea ; puis il suivit Marcellin, et but de l'eau qu'il trouva excellente. Ensuite, Marcellin le conduisit hors de la montagne.

Alors le chasseur dit au berger : « Aimable enfant, tu m'as sauvé la vie. Si j'étais resté une heure de plus dans cet état, je serais certainement mort. Je veux te montrer ma reconnaissance. Viens avec moi à la ville, je suis riche et je te traiterai comme si tu étais mon fils.

— Non, dit l'enfant, je n'irai pas avec vous à la ville, j'ai une mère et un père qui sont pauvres, mais que j'aime bien. Quand vous seriez un roi, je ne voudrais pas quitter mon père pour vous.

— Mais, dit le chasseur, ici tu habites dans une misérable cabane couverte de chaume : moi je demeure dans un palais orné de marbre et entouré de colonnes superbes. Je te ferai boire dans des coupes de cristal, et manger des mets somptueux dans des plats d'argent. »

L'enfant répondit : « Quand bien même mon père et ma mère n'auraient pas d'asile et seraient obligés de vivre dans les bois, tout mon bonheur serait de demeurer avec eux. Mais notre petite maison n'est pas aussi misérable que vous le croyez. Si elle n'est pas entourée de colonnes, elle est environnée d'arbres fruitiers et de treilles. Nous buvons de l'eau bien claire, que nous puisons dans une fontaine voisine ; nous gagnons par notre travail une nourriture simple qui nous suffit ; et si nous n'avons pas dans notre maison de l'argent, du cristal et du marbre, nous n'y manquons pas de fleurs. »

Le chasseur ajouta : « Viens avec moi, enfant ; nous avons aussi des arbres et des fleurs à la ville. J'ai un magnifique jardin, avec des allées droites et touffues, et un parterre rempli des plantes les plus précieuses ; au milieu de ce jardin est un jet d'eau magnifique ; jamais tu n'as rien vu de semblable ; l'eau s'élance en gerbes et retombe en écume dans un bassin de marbre blanc.

— Dans ce jardin superbe, dit Marcellin, je serais toujours triste ; car sans cesse je penserais à ma mère qui regretterait son enfant. Je suis si heureux dans nos bois ! Les ombrages de nos forêts sont aussi délicieux pour le moins que ceux de vos superbes allées. Nos vertes prairies sont émaillées de mille fleurs. Il y a aussi des fleurs autour de notre maisonnette, des roses, des violettes, des lis, des pensées. Croyez-vous que nos fontaines soient moins belles que vos jets d'eau? Comme j'aime à les voir sortir en bouillonnant du creux des rochers, ou retomber du haut des collines pour serpenter ensuite dans les prés fleuris!

— Tu ne sais pas ce que tu refuses, ô enfant, dit le chasseur. Il y a à la ville des colléges superbes où je te ferai apprendre toutes sortes de sciences. Il y a des théâtres où d'habiles musiciens enchanteront tes oreilles par des concerts harmonieux. Il y a de riches salons, où tu seras admis à des fêtes splendides.

—Non, répondit l'enfant, je ne vous suivrai pas à la ville. Que ferais-je de toutes ces sciences dont vous me parlez? On m'apprend dans l'école de notre village tout ce qui m'est vraiment utile. On m'y apprend surtout à craindre Dieu, à honorer mes parents, à imiter leurs vertus. Je ne veux pas en savoir davantage. Vos musiciens chantent-ils mieux que le rossignol ou que la fauvette? Et nous aussi, nous avons nos concerts et nos fêtes. Que nous sommes heureux le dimanche, quand nous sommes réunis en famille, et assis à l'ombre d'un bois, sur le bord d'un ruisseau qui murmure! Ma sœur chante! oh! qu'elle chante agréablement! Et moi, j'accompagne sa voix avec ma flûte; nos chants retentissent au loin; l'écho les répète après nous; et notre père et notre mère, heureux de nous entendre, nous regardent avec un tendre sourire. Non, je n'irai pas à la ville avec vous. »

Alors le chasseur vit bien qu'il fallait renoncer à emmener l'enfant. « Que te donnerai-je donc, dit-il, pour te marquer ma reconnaissance? Prends cette bourse pleine d'argent et d'or.

— Qu'ai-je besoin de cet argent? répondit Marcellin. Nous sommes pauvres, mais nous ne manquons de rien; si j'acceptais votre argent, je vous aurais donc vendu le petit service que j'ai pu vous rendre? Ce serait mal: ma mère me blâmerait de cette conduite; elle m'a toujours dit que nous devons obliger ceux qui se trouvent dans la peine, et que nous devons le faire sans intérêt.

—Que te donnerai-je donc, aimable enfant? dit le chasseur; il faut bien que tu acceptes quelque chose, autrement tu m'affligerais.

—Eh bien! dit Marcellin, donnez-moi ce flacon que je vois suspendu à votre côté ; il me semble qu'on a gravé dessus des chiens qui poursuivent un chevreuil. Mon père pourra se servir de ce flacon pour emporter un peu d'eau et de vin quand il va travailler au loin dans les champs. »

Alors le chasseur, avec un sourire de bonté, lui donna le flacon ; et le jeune berger s'en alla, en sautant de joie, comme un agneau qui bondit.

CHAPITRE V.

❖

CRAINTE FILIALE. — SOUMISSION.

❖

Puisque nous aimons nos parents, nous devons redouter de leur déplaire et de leur faire de la peine, c'est-à-dire que nous devons les craindre.

Craindre nos parents, c'est éviter avec soin tout ce qui peut provoquer leur mécontentement, c'est régler nos actions et nos paroles de manière à mériter toujours leur approbation.

Ainsi, la crainte du fils n'est pas la crainte de l'esclave. L'esclave a peur du châtiment que peut lui infliger son maître ; mais l'enfant redoute le mécontentement que peuvent éprouver son père et sa mère.

C'est ainsi que nous devons craindre nos parents : cette crainte, non-seulement se concilie parfaitement avec l'amour et la tendresse, mais en est même inséparable, parce que celui qui aime sincèrement ses parents tremble de les affliger.

Si quelquefois nos parents ont pour nous trop d'indulgence, nous ne devons pas en abuser ; et s'ils sont trop disposés à nous pardonner nos fautes, nous ne devons pas pour cela cesser de les craindre. Car cette extrême indulgence, qui ne vient que de leur trop grande bonté, doit au contraire être pour nous un nouveau motif d'éviter ce qui peut leur causer de la peine.

Il faut donc toujours être soumis.

Être soumis à ses père et mère, c'est se conformer à leur volonté sans murmure et même avec empressement et avec plaisir.

L'enfant doit recevoir avec une docilité tendre et pieuse tout ce qui lui vient d'eux : conseils, exhortations, avertissements, reproches, réprimandes, punitions.

Car la sévérité des parents envers un enfant est une preuve de leur attachement pour lui ; ils sont chargés de le conduire dans la bonne route : c'est leur droit et leur devoir. Cette obligation leur est imposée par la nature, par la patrie et par la religion ; il est donc juste que l'enfant se soumette sans réserve à leur volonté.

Il faut recevoir les reproches avec un cœur docile : il ne faut jamais répondre avec vivacité ; je ne dis pas, avec orgueil ou insolence, car il est bien évident que l'enfant qui se montrerait ou orgueilleux ou insolent envers son père ou sa mère serait un être digne du plus profond mépris et des plus sévères châtiments.

Il ne faut donc répondre aux reproches que par une promesse sincère de ne plus les mériter. Il faut former à cet égard une résolution forte et savoir s'y conformer. Ce n'est pas tout de dire, en parlant de ce qui est mal : Je ne le ferai plus ; il faut ne plus le faire.

Les parents sont souvent obligés de punir leur enfant : quand ils agissent ainsi, c'est toujours pour son bien et par un effet de la tendresse dont ils sont animés pour lui. S'ils n'employaient pas, pour le corriger de ses défauts, tous les moyens qui sont en leur pouvoir, ce serait une preuve qu'ils ne l'aiment pas comme ils doivent l'aimer.

L'enfant que ses parents punissent ne doit donc pas chercher à se soustraire à la punition ; il ne doit pas non plus concevoir, à cause de cela, de l'irritation contre ses parents, ou des doutes sur leur tendresse ; mais il doit voir dans la punition une nouvelle preuve de leur amour, et la recevoir avec résignation et une ferme résolution de ne plus la mériter.

L'enfant doit être affligé de la punition, mais non pas à cause de lui-même et de la peine qu'il souffre ; il doit en être affligé, à cause du mécontentement qu'il a donné à ses parents et de la douleur qu'ils éprouvent toutes les fois qu'ils se trouvent dans la nécessité de le punir.

Il doit faire tous ses efforts pour leur épargner cette douleur ; et lorsque malheureusement il n'y a pas réussi, et que pour son bien ils se sont imposé la pénible tâche de le punir, il doit leur en savoir gré et les en remercier comme d'un nouveau bienfait.

CHAPITRE VI.

✾

✾

Saint Louis est un des plus grands rois qui aient régné sur la France.

Quand son père mourut, il était très-jeune ; et sa mère, la reine Blanche, se trouva dans la position la plus terrible.

Les révoltes éclataient de toutes parts ; et elle était seule pour résister aux rebelles, pour gouverner le royaume, et pour élever son fils.

Elle vint à bout de tout : elle pacifia les troubles ; elle fit régner dans le royaume l'ordre et l'abondance ; et elle donna au jeune Louis une excellente éducation.

Elle disait quelquefois : « J'aime bien tendrement mon fils, mais j'aimerais mieux le voir mort que souillé d'un péché mortel. »

Louis était soumis à cette excellente mère, et faisait en sorte de ne lui causer aucune peine. Depuis qu'il avait perdu son père, il réunissait sur sa mère seule l'amour et le respect qu'il aurait eus pour tous les deux.

Jamais il ne désobéissait ; et si quelque courtisan perfide voulait lui donner quelques conseils contraires aux sages leçons de la reine, il le chassait honteusement de sa présence.

En obéissant ainsi à sa mère et en suivant religieusement tous ses conseils, il devint un prince accompli. Son courage était intrépide et son habileté sans égale. Il a fait des lois admirables ; il a vaincu les Anglais dans deux batailles glorieuses ; et dans le malheur il s'est montré plus grand encore que dans la prospérité.

Ce caractère si sublime était le résultat de l'éducation que sa mère lui avait donnée. Aussi il eut toujours pour elle le respect le plus profond. Lorsqu'il fut en âge de régner, il la consulta toujours et fit le plus grand cas de ses conseils. Il la laissait maîtresse absolue dans l'intérieur du palais, et ne se permettait jamais de critiquer ce qu'elle avait ordonné. Il savait ainsi concilier ses devoirs de fils avec ses devoirs de roi : comme roi, il n'obéissait qu'à Dieu et aux lois du royaume; comme fils, il se plaisait à obéir à sa mère.

On ne peut citer ni un fils plus dévoué ni un plus vertueux monarque.

CHAPITRE VII.

❉

OBÉISSANCE.

✿

La soumission est dans le cœur, l'obéissance est dans les actions.

Un enfant est obéissant, lorsqu'il fait tout ce que ses parents lui ordonnent, et lorsqu'il évite tout ce qu'ils lui défendent.

Il ne suffit pas d'obéir exactement; il faut encore obéir volontiers, c'est-à-dire, il ne faut pas se soumettre à contre-cœur aux intentions de ses parents; mais il faut les regarder comme bonnes, justes et sages, et s'y conformer avec plaisir. Car nos parents, dans leurs ordres et dans leurs défenses, sont toujours guidés par leur tendresse pour nous et par notre intérêt bien entendu.

Comme ce doit être pour nous une satisfaction que d'obéir à nos parents, nous devons faire paraître cette satisfaction par la promptitude et par la bonne grâce avec la-

quelle nous exécutons ce qui nous est prescrit.

Un enfant qui exécute lentement les ordres
qu'on lui donne, qui se les fait répéter deux
ou trois fois, et qui a l'air de mauvaise humeur en faisant ce qu'on lui commande, est
un être fort désagréable : on peut même dou-
ter qu'il ait un bon cœur.

L'obéissance doit être entière, c'est-à-dire,
il faut obéir à ses parents en tout et partout,
dans les choses légères comme dans les choses
importantes.

Car, à proprement parler, il n'y a point
de désobéissance légère. La désobéissance est
un si grand mal par elle-même que, lorsqu'elle est réfléchie, elle est toujours coupable, quelque peu important qu'en soit l'objet ;
elle ne peut être excusable, que lorsqu'elle
vient d'oubli ou d'inattention.

Mais c'est déjà un grand tort que l'inattention et l'oubli, et il faut faire en sorte de nous
en préserver.

Car la désobéissance peut avoir pour un
enfant les suites les plus funestes. Il ne peut
pas juger les choses ; il ne sait pas ce qui
est bon ou mauvais, ce qui est utile ou dan-
gereux ; il ne saurait prévoir les conséquences

de ses actions. Ses parents, au contraire, ont de la prudence et de la raison; ils savent ce qui peut lui être utile ou nuisible, soit dans l'instant même, soit plus tard. Ils connaissent toutes les conséquences bonnes ou mauvaises qui doivent résulter de ce qu'il fait. C'est donc à eux de le diriger constamment; c'est à lui de se soumettre à leurs ordres, sans réserve, et sans demander d'explications. Ils ne lui doivent pas cette explication; et lui, d'ailleurs, ne la comprendrait pas.

Toutes les fois que les parents ordonnent ou défendent quelque chose à leur enfant, c'est pour son bien. Il doit être persuadé que ce qu'on lui défend est toujours mal, quand même il ne saurait pas pourquoi, et il doit s'en abstenir avec un soin religieux.

Il y a des enfants qui, sans désobéir précisément aux ordres qu'on leur a donnés, inventent quelques ruses pour s'en affranchir. C'est ce qu'on appelle *éluder* un ordre ou une défense. Gardons-nous bien de ces indignes ruses. Elles peuvent accoutumer un enfant à la dissimulation et à l'hypocrisie, qui sont des vices odieux.

Obéissons toujours franchement, complètement, gaîment. Ainsi notre conscience sera toujours tranquille ; et nous éviterons les malheurs innombrables que la désobéissance entraîne toujours.

CHAPITRE VIII.

❖

L'ENFANT DÉSOBÉISSANT.

❖

Un enfant, nommé Jacquot, était naturellement porté à la désobéissance. Son père, qui était un honnête laboureur, l'avait souvent puni à cause de ce défaut, et l'en avait presque entièrement corrigé. Malheureusement, ce bon père mourut, et laissa sa veuve dans de grands embarras.

Jacquot avait alors quatorze ans. Comme sa mère, étant très-occupée, n'avait pas le temps de le surveiller, il lui désobéissait souvent, sans qu'elle le sût.

Quelquefois elle apprenait les fautes de ce malheureux enfant, et lui en faisait de vifs reproches. Jacquot était bien chagrin d'avoir causé de la peine à sa mère, il pleurait, il promettait de ne plus désobéir ; mais, au bout de quelques jours, il oubliait sa promesse et recommençait,

Sa mère lui avait expressément défendu d'aller dans une auberge qui se trouvait à l'extrémité du village. Elle avait bien raison de le lui défendre, car il y avait dans cette auberge des enfants méchants et des domestiques vicieux.

Un jour, Jacquot, oubliant les défenses de sa mère, s'approcha de cette auberge : d'abord, il ne voulut pas entrer et se contenta de regarder dans la cour ; c'était déjà un commencement de désobéissance ; et quand on a commencé volontairement à désobéir, on est ensuite entraîné malgré soi à désobéir d'une manière plus coupable.

C'est ce qui arriva à Jacquot. En regardant dans cette cour, il vit un postillon et un garçon d'écurie, tous deux un peu plus âgés que lui, qui jouaient avec des sous à croix ou pile.

Il entendit le garçon d'écurie qui disait en jouant : « Je n'avais qu'un sou en commençant, et maintenant j'en ai huit. » Et il faisait sonner sa monnaie dans la poche de sa veste.

Jacquot avait alors dans sa poche un sou que sa mère lui avait donné. Il éprouva un violent désir d'aller jouer avec ces deux garçons.

Sur le point d'entrer dans la cour, il s'arrêta : il se souvint que sa mère lui avait défendu d'aller dans cette auberge, et qu'elle lui avait aussi défendu de jouer de l'argent.

Mais la tentation fut plus forte que sa volonté. Comme il avait déjà commis d'autres désobéissances, il commit encore celle-là, qui devint pour lui la cause des plus grands malheurs.

Il s'avança donc et proposa au garçon d'écurie de jouer avec lui. Le garçon y consentit ; et Jacquot, après avoir joué deux heures, se trouva avoir gagné trois sous. Il employa son argent à acheter des cerises. Il s'assit pour les manger à son aise sur le banc de l'auberge. Tandis qu'il mangeait, il entendit le postillon et le garçon d'écurie causer ensemble. Leurs juremens grossiers et leurs criailleries lui fáisaient peur et lui causaient du dégoût ; car il n'était pas encore devenu un mauvais sujet.

Mais peu à peu il s'accoutuma à leur langage et à leurs manières ; et il les imita.

Presque tous les jours, au lieu d'aller à l'école, il retournait dans la cour de l'auberge, et y restait des heures entières. Le vice bientôt ne l'effraya plus ; il s'accoutuma à jouer, à mentir, à jurer. Voilà où le conduisit la désobéissance. Le soir, il disait à sa mère qu'il était allé à l'école, et le lendemain il disait au maître d'école qu'il avait aidé sa mère dans son travail.

Pour comble de malheur, il se lia intimement avec le garçon qui avait joué avec lui la première fois ; c'était un mauvais sujet capable de tout.

A force de jouer avec lui, Jacquot lui devait trois francs ; ce qui pour les enfants est une somme très-considérable. Le garçon voulait son argent, afin d'aller le lendemain à une fête dans un village voisin, où il espérait s'amuser. Il voulait y amener Jacquot, mais il fallait de l'argent, et Jacquot n'en avait pas.

Jacquot lui promit de demander cette somme à un de ses camarades, nommé Henri, qui était un modèle de sagesse et de bonne conduite. Henri travaillait tous les jeudis dans une fabrique ; ses parents lui laissaient l'argent qu'il y gagnait, et il le ramassait avec soin, afin d'acheter des habillements à sa sœur pour le jour où elle ferait sa première communion.

Jacquot demanda donc trois francs à Henri, qui ne voulut pas les lui prêter, parce qu'il voyait bien que c'était pour en faire un mauvais usage.

Il retourna tout honteux vers le garçon d'écurie. Ce garçon se mit en colère contre Jacquot : « Je veux absolument que tu me paies, lui dit-il; si Henri ne veut pas te prêter trois francs, emprunte-les-lui sans qu'il le sache; tu dois savoir où il met son argent. Prends trois pièces de vingt sous ; et après-demain tu les remettras à la même place. Car à cette fête nous jouerons, nous gagnerons, j'en suis sûr. »

Cette proposition fit horreur à Jacquot. « Oui, sans doute, je sais où Henri met son argent ; c'est dans un vieux pot de fleurs, à moitié cassé, au fond de l'écurie où il couche, assez près de la vache de sa mère. Mais je ne ferai pas ce que tu me demandes; ce serait une chose horrible. »

Le garçon se moqua de lui et lui fit honte de ses scrupules. Le malheureux Jacquot se laissa enfin persuader, et ils convinrent d'exécuter ensemble cet odieux projet la nuit suivante.

C'est ainsi que la désobéissance et la mauvaise compagnie peuvent conduire à toutes sortes de crimes.

Au milieu de la nuit, Jacquot entendit qu'on frappait doucement à sa fenêtre : c'était le signal convenu entre lui et son complice. L'idée de l'action qu'il allait commettre le fit trembler. Il resta immobile, la tête cachée sous sa couverture, jusqu'à ce qu'il entendît le second coup. Alors, il se leva, il s'habilla, il ouvrit sa fenêtre, qui était presque de niveau avec la rue. Son camarade lui dit d'une voix sombre : « Es-tu prêt ? » Il ne répondit rien, sortit par la fenêtre, et suivit le misérable.

Ils arrivèrent à la porte de l'écurie ; un nuage noir qui passa sur la lune les laissa dans une obscurité profonde. « Où sommes-nous ? dit Jacquot, qui cherchait à assurer ses pas en s'appuyant contre le mur ; où es-tu ? parle-moi. » Il étendit la main. Le méchant garçon prit cette main dans la sienne. « Est-ce bien ta main ? dit-il à Jacquot ; elle est froide comme le marbre.

— Allons-nous-en, dit Jacquot, il en est encore temps. — Non ! reprit l'autre en ouvrant la porte, tu es trop avancé pour reculer. » Et il poussa Jacquot dans l'écurie.

Jacquot était tout tremblant ; il savait fort bien où était le pot de fleurs, et cependant il ne pouvait le trouver. Il tremblait qu'Henri ne se réveillât ; il croyait sans cesse entendre dans l'écurie des pas ou des voix, et son sang se glaçait dans ses veines ; enfin, il trouva le pot de fleurs, et l'apporta sur le devant de la porte avec tout l'argent dont il était rempli.

Dans ce moment, le nuage noir s'éloignant laissa la lune briller dans tout son éclat.

« Sauvons-nous bien vite, dit le garçon d'écurie, en arrachant le pot à fleurs des mains tremblantes de Jacquot. — Juste Ciel ! s'écria Jacquot, est-ce que tu veux tout prendre ? Ne m'as-tu pas dit que tu ne voulais prendre que trois francs, et que nous les rendrions après-demain sans faute ?

« Tais-toi, » répliqua l'autre. Et il marcha sans écouter son camarade, en ajoutant : « Si je dois un jour aller aux galères, je ne veux pas que ce soit pour trois francs. »

A ces mots, le sang de Jacquot se glaça dans ses veines, ses cheveux se dressèrent sur sa tête. Ils ne dirent pas un seul mot de plus. Jacquot se glissa dans sa chambre, tandis que son complice emportait l'argent.

Pendant tout le reste de la nuit, Jacquot souffrit cruellement. Aussitôt qu'il commençait à s'endormir, il était tourmenté par des songes affreux qui le réveillaient en sursaut ; et dès qu'il était éveillé, le moindre bruit le faisait tressaillir. Il osait à peine respirer, il pensait que le jour n'arriverait jamais ; mais lorsque le jour fut venu et que les oiseaux commencèrent à chanter, il se sentit encore plus malheureux.

C'était dimanche : la cloche annonçait la messe. Tous les enfants du village, parés de leurs plus beaux habits, pleins d'innocence et de joie, arrivaient en foule à l'église ; et Henri, qui était le plus sage, était aussi le plus joyeux. Il ne se doutait pas du malheur qui lui était arrivé, parce qu'en se levant il n'avait songé qu'à prier Dieu et non à regarder son argent.

Au milieu de tous ces enfants si gais, Jacquot était triste et sombre. Henri s'approcha de lui en riant. En le voyant, Jacquot devint pâle comme la mort et s'enfuit vivement pour éviter ses regards.

La pensée de son crime le torturait ; il croyait que chacun pouvait le lire sur son visage. Il lui semblait que tous ceux qui passaient près de lui disaient en le regardant : « Voilà un voleur ! »

Quelquefois, il voulait revenir auprès de

Henri, et lui avouer son crime ; mais la honte le retenait.

Aussitôt après la messe, il alla dans l'auberge. Là, il se renferma un instant avec son complice, qui s'efforça vainement de dissiper sa frayeur. Ils partagèrent l'argent. Chacun en mit la moitié dans sa poche ; et ils partirent pour aller à la fête du village voisin.

Cependant, Henri, après la messe, était allé visiter son petit trésor. Quand il s'aperçut qu'on l'avait volé, il fut saisi de la plus vive douleur. Ses cris et ses sanglots attirèrent son père et sa mère ; il se jeta dans leurs bras.... « Que je suis malheureux ! s'écria-t-il, j'ai tout perdu ; on m'a pris l'argent que j'économisais pour ma sœur. J'étais si content de penser que j'avais gagné tout cela par mon travail ! j'espérais vous faire tant de plaisir ainsi qu'à elle ! »

Toutes les personnes qui sortaient de l'église s'arrêtèrent devant la maison des parents de Henri. Tout le monde le questionnait et prenait part à sa douleur. La rue fut bientôt remplie de monde. On lui demandait en quoi consistait son petit trésor. « Hélas ! dit-il, il était composé de pièces de dix sous et de vingt sous que l'on me donnait les jeudis à la fa-

brique. A mesure que je les recevais, je m'a-
musais à y graver un numéro avec la pointe
de mon couteau. La première que j'ai reçue
avait le numéro 1, et ainsi de suite. Il y en avait
quarante, qui faisaient en tout trente francs.

Dans ce moment, une bonne femme vint à
passer. C'était une laitière d'un hameau voisin
qui traversait le village pour porter son lait
à la ville ; elle fendit la foule avec assez de
peine, et dit aux parents de Henri :

« Ne parlez-vous pas de pièces de dix sous
qui ont été perdues ou volées? A l'instant même
on vient de m'en donner une ; elle porte le numéro 3. Regardez, la reconnaîtriez-vous? »

En parlant ainsi, elle ouvrit sa large main
et présenta la pièce, que Henri reconnut. Tout
le monde s'écria, et demanda à la laitière qui
lui avait remis cette pièce. Elle répondit :

« Tout à l'heure, comme j'entrais dans le
village, j'ai rencontré deux jeunes garçons
au détour d'une rue ; ils paraissaient extrêmement pressés ; ils couraient si vite qu'ils ont
renversé un de mes seaux pleins de lait. Je
me suis mise à crier contre eux. Le plus grand
m'a répondu par des injures ; le plus jeune a
tiré précipitamment cette pièce de sa poche,
et me l'a donnée : c'est à peu près la valeur

de mon lait. Puis, ils ont continué de courir.»

Tout le monde dit alors : « Les connaissez-vous ? savez-vous par où ils ont passé ? »

« Je connais le plus grand, dit la laitière ; il porte une veste rouge : c'est le garçon d'écurie de l'auberge. Je ne connais pas l'autre, qui est plus jeune. Ils ont pris la route du village où il y a aujourd'hui une fête ; et si l'on court après eux, on les aura bientôt rattrapés. »

Personne ne douta que ces deux jeunes garçons ne fussent les voleurs. On admirait et on bénissait la Providence, qui avait permis que les coupables fussent si tôt découverts. Huit ou dix jeunes gens s'empressèrent de courir après eux. Tous les autres habitants du village restèrent autour de Henri ; leurs regards étaient fixés sur le chemin par où on était allé à la poursuite des voleurs. Enfin quelques personnes qui s'étaient avancées assez loin de la maison revinrent en courant et en criant : « Les voilà ! on les a pris ! »

Les jeunes gens arrivèrent, traînant le garçon à la veste rouge, qui se débattait inutilement contre eux ; ils amenaient aussi Jacquot, qui se laissait conduire sans résistance, et qui versait des larmes abondantes. Il avait rabattu sa casquette sur son visage, et il baissait la tête. On voyait bien qu'il sanglotait, mais on ne le reconnaissait pas.

On l'obligea d'ôter sa casquette ; Henri poussa un cri de douleur en reconnaissant son ami. Jacquot tomba à genoux et avoua, en pleurant, son crime avec toutes les circonstances.

Tout le monde était pénétré d'horreur et de pitié. « Si jeune, être déjà si coupable ! disait-on. Malheureux ! qui a pu te porter à une telle action ? — La mauvaise compagnie. — Et qui t'a porté à fréquenter la mauvaise compagnie ? —C'est la désobéissance, dit-il ; si j'avais obéi à ma pauvre mère, je ne me serais pas déshonoré. »

Tous les parents qui étaient là prenaient leurs enfants par la main et les pressaient contre leur cœur en disant : « Dieu soit loué ! ce n'est pas mon fils ! O mon enfant ! obéis toujours à ton père et à ta mère ; vois où mène la désobéissance. »

On retrouva dans les poches des coupables tout l'argent, moins la pièce de dix sous que la laitière avait reçue et dont elle fit cadeau à Henri. Henri voulait que l'on fît grâce à Jacquot. « Non, dit-on ; il vaut mieux qu'il aille aujourd'hui dans une maison de correction, que d'aller plus tard aux galères. »

Le garçon d'écurie était plongé dans l'abattement ; il essayait de se justifier en accusant Jacquot et disait que c'était Jacquot qui l'avait entraîné dans le crime. Mais personne ne voulut le croire.

Ce misérable, qui se trouvait en état de récidive, fut envoyé aux galères. Jacquot fut placé dans une maison de correction, où il resta deux ans. Au bout de ce temps, il revint au village ; il se conduisit toujours bien ; il fut respectueux et soumis envers sa mère, et mérita de redevenir l'ami de Henri.

CHAPITRE IX.

✿

CONFIANCE.

✿

Nous ne devons pas seulement à nos parents une obéissance entière : nous devons avoir en eux une pleine confiance.

Dieu, qui leur a imposé le soin de veiller sur nous, leur a donné les lumières nécessaires pour nous conduire. Tant que nous sommes jeunes, nous sommes incapables de nous diriger nous-mêmes ; c'est à eux à nous diriger.

Il n'y a qu'un père et une mère qui s'intéressent assez à nous pour être toujours disposés à nous donner les avertissements convenables.

Manquer de confiance en ses parents est un des plus grands malheurs qui puissent arriver à un enfant.

Le défaut de confiance peut le conduire au mensonge, et le mensonge est un vice odieux qui l'entraînera dans tous les autres vices. Mentir, à quelque personne que ce soit, est toujours un grand mal; mais mentir à son père et à sa mère, c'est presque un sacrilége.

Être dissimulé avec eux et leur cacher la vérité, quoiqu'en ayant soin de ne pas mentir, est encore une chose aussi funeste que condamnable : car nos parents savent une infinité de choses que nous ne connaissons pas ; ils voient les dangers auxquels nous nous exposons ; ils peuvent seuls nous apprendre à les éviter.

Il ne faut donc rien cacher à nos parents. C'est le seul moyen de conserver l'innocence et de persévérer dans la bonne conduite.

Si quelqu'un conseille à un enfant de faire quelque chose à l'insu de ses parents, l'enfant doit repousser ce conseil avec horreur.

Si quelqu'un adresse à un enfant des discours qu'il lui dit de ne pas répéter à son père et à sa mère, l'enfant doit voir en lui un ennemi qui médite sa perte : car pourquoi taire une chose à ses parents, si elle n'est pas coupable ou dangereuse ?

Enfin, il ne suffit pas de confier à nos parents tout ce qui nous concerne; nous devons aussi écouter leurs instructions avec une docilité respectueuse, profiter de leurs bons exemples, et nous conformer pendant toute notre vie aux leçons qu'ils nous ont données dans notre jeunesse.

CHAPITRE X.

✿

GUILLAUME.

✿

Guillaume était un pêcheur vénérable par son âge et par ses vertus.

Un soir, il monta sur une nacelle avec son fils et s'avança sur la mer, pour jeter ses filets dans les roseaux qui bordaient le rivage de plusieurs îles voisines. Le soleil se plongeait au sein de la mer, et les flots et le ciel semblaient tout en feu.

« Ah ! que tout est beau autour de nous ! dit avec ravissement le jeune homme. Voyez comme le cygne, entouré de sa joyeuse couvée, se plonge dans le reflet doré du ciel ! Voyez comme il navigue, comme il trace des sillons dans les flots, comme il déploie ses ailes ! Dans ce bosquet qui borde le rivage, quel agréable murmure font entendre ces hauts peupliers ! Et dans cette île, comme ces blés encore verts s'agitent et se ploient doucement au souffle du zéphyr ! Que la nature est belle ! combien elle nous rend contents et heureux !

— Oui, répondit Guillaume, la nature nous donne des plaisirs purs. Ces plaisirs te suffiront toujours, mon fils, si tu es homme de bien, si des passions violentes ou coupables ne viennent point troubler ta vie.

« O cher enfant ! bientôt je vais te quitter. Ah ! reste toujours fidèle à la vertu ; pleure avec ceux qui pleurent ; aime à partager ton pain avec les pauvres ; contribue autant que tu le pourras au bien-être de tes semblables. Élève souvent ton âme vers le maître de la nature, à qui le vent et la mer obéissent, et qui gouverne tout pour le bonheur des hommes. Sache tout endurer, et mépriser la mort plutôt que de consentir à être méchant. Les honneurs, l'opulence et le luxe ne sont que des choses frivoles. Une conscience tranquille, voilà le plus précieux des biens.

« C'est en suivant ces principes, ô mon fils, que j'ai vécu heureux jusqu'à ce jour.

« Depuis le moment de ma naissance, soixante-dix fois la forêt qui environne nos cabanes s'est parée de verdure ; cette longue vie s'est passée comme un beau jour de printemps, au milieu du calme et des plaisirs purs.

« Toutefois, je n'ai pas été exempt de toute affliction. Lorsque ton frère mourut, mon visage fut inondé de larmes, et le soleil et le ciel me semblaient voilés de ténèbres.

« Souvent aussi, fendant la mer avec ma légère nacelle, je fus surpris par la tempête. Ma barque restait suspendue sur la cime d'une montagne d'eau ; et soudain, avec un fracas épouvantable, les flots retombaient, et moi avec eux. Les muets habitants de la mer tremblaient lorsque le bruit du tonnerre et des vagues retentissait au-dessus d'eux, et ils se réfugiaient au fond de l'abîme ; moi, je croyais voir chaque flot ouvrir pour moi une tombe humide, et les vents soufflaient avec fureur, et des fleuves pleuvaient sur ma tête.

« Mais bientôt la fureur des vents se calmait, l'air devenait serein, et j'apercevais dans le paisible miroir des flots l'image du ciel. Bientôt l'esturgeon au dos bleuâtre et à l'œil rouge, retiré au milieu des herbes marines, sortait de son asile ; de nombreux poissons bondissaient sur les flots où se réfléchissait le soleil ; et le calme et la joie renaissaient dans mon cœur.

« Maintenant la tombe m'attend ; je ne m'en effraie pas. Le soir de ma vie sera aussi beau que l'ont été le matin et le midi. O mon fils !

c'est toi surtout dont la tendresse a fait mon bonheur. Tu as toujours été docile à mes leçons ; suis-les encore quand je ne serai plus, et tu seras heureux comme moi ; et la nature sera toujours belle à tes yeux. »

Le jeune homme pleurait et disait : « Non, ô mon père ! non, le Ciel ne vous ravira pas si tôt à mon amour : vous vivrez encore long-temps pour recevoir mes tendres soins. »

Cependant ils avaient jeté leurs filets, ils les retirèrent pleins de poissons ; la nuit arriva, et leur nacelle les ramena lentement vers leur demeure.

Guillaume mourut bientôt après. Son fils le pleura longtemps ; et jamais il n'oublia cette soirée. Sans cesse, il se rappelait les sages leçons de son père. Il les observa toujours fidèlement, et fut comblé de bénédictions. Sa longue vie lui parut aussi un jour de printemps.

CHAPITRE XI.

✪

RESPECT. — HONNEUR.

✪

Ce n'est pas seulement pendant notre enfance et notre jeunesse que nous devons honorer et respecter nos parents ; c'est pendant toute notre vie ; et même, plus nous avançons en âge, plus ce devoir est sacré pour nous, parce que notre exemple a plus d'influence sur les autres, et particulièrement sur les jeunes gens.

Il n'y a point de dignité, si éclatante qu'elle soit, qui puisse nous dispenser de ce devoir.

Un roi, par exemple, doit autant de respect à sa mère que le plus petit enfant d'un village en doit à la sienne.

Tant que nous habitons auprès de nos parents, ce respect doit se manifester par une attention continuelle à leur être agréables, par des visites empressées, par des soins assidus.

Si nous sommes éloignés d'eux, il faut

leur écrire souvent, nous informer de leurs nouvelles, leur faire part de tout ce qui nous concerne, ne rien faire d'important sans les consulter, et aller les voir le plus souvent qu'il nous est possible.

Il ne suffit pas de les honorer nous-mêmes : nous devons obliger notre femme, nos enfants, nos serviteurs, à leur montrer le plus grand respect ; nous devons accoutumer nos jeunes enfants à les honorer autant que nous.

Si nous parvenons à acquérir plus d'instruction que nos parents, nous ne devons pas pour cela nous enorgueillir et nous croire supérieurs à eux ; car il vaudrait mieux toujours rester dans une ignorance profonde que d'acquérir de l'instruction, si cette instruction devait corrompre notre cœur et faire de nous des enfants dénaturés et ingrats.

Quelquefois, un jeune homme, par ses talents, par son courage, ou par une faveur spéciale de la Providence, s'élève fort au-dessus de sa première condition. Il devient riche, puissant, illustre. Alors ce doit être pour lui un inexprimable bonheur que de faire partager à son père et à sa mère les avantages dont il jouit : c'est un devoir ; mais l'accomplissement de ce devoir est si agréable, qu'on peut l'appeler en même temps un plaisir. Et, parmi les plaisirs, il n'en est pas de plus délicieux, de plus honorable, de plus pur.

On a vu, dit-on, quelquefois des enfants dénaturés qui, étant devenus savants ou riches, rougissaient des habits grossiers et de la pauvreté de leurs parents. Je ne crois pas qu'il existe de tels monstres; ou, s'il en existe, ils sont en bien petit nombre, et sont pour tous les honnêtes gens un objet de mépris et d'horreur.

Enfin, le respect que nous devons à notre père et à notre mère ne doit pas cesser avec leur vie. Nous devons soigneusement conserver leur souvenir et honorer leur mémoire.

CHAPITRE XII.

✖

LE TAILLEUR ET LE BANQUIER.

✖

Dans un village de la Beauce vivait un bon vieux tailleur très-pauvre, mais très-content de son état ; avec lui était sa femme, qui partageait gaiement sa pauvreté et ne négligeait rien pour lui rendre la vie douce : tous deux étaient fort âgés, mais jouissaient d'une bonne santé et travaillaient assez bien.

Leur fils unique, nommé François, à qui ils avaient fait donner une éducation fort au-dessus de leur état, était sorti de chez eux depuis bien longtemps pour aller aux Indes chercher fortune. Plus de vingt années s'étaient écoulées depuis qu'ils ne l'avaient vu ; ils parlaient souvent de lui ; tous les jours ils priaient le Ciel de ne point l'abandonner, et ils ne manquaient pas tous les dimanches de le faire recommander au prône par le curé, qui avait beaucoup d'estime et de bonté pour eux,

De son côté, leur fils ne les oubliait pas. Il avait éprouvé beaucoup d'aventures et n'avait jamais pu leur donner de ses nouvelles, parce qu'il était allé dans un pays qui n'avait aucune communication avec la France. Il devint banquier; il amassa par sa bonne conduite une fortune considérable, et il revint en France pour exercer son état à Paris.

Dès qu'il eut choisi une maison et tout arrangé pour son établissement, il résolut de s'informer par lui-même de la situation où étaient ses parents.

Après avoir dit à ses domestiques de n'être pas en peine de lui, il partit à cheval sans que personne l'accompagnât, et il se rendit au lieu de sa naissance.

Il était environ dix heures du soir, et le vieux tailleur dormait auprès de son épouse, lorsqu'ils se réveillèrent en sursaut au bruit que fit le banquier en frappant à la porte de leur petite maison. Ils demandèrent qui frappait. « Ouvrez, ouvrez, leur dit-il, c'est votre fils François.

— A d'autres, répondit le bonhomme; passez votre chemin, voleurs, il n'y a rien à faire ici pour vous; François est présentement aux Indes, s'il n'est pas mort.

« — Votre fils n'est plus aux Indes, répliqua le banquier ; il est revenu, c'est lui qui vous parle, ne lui refusez pas l'entrée de votre maison.

— Levons - nous , Jacques , dit alors la femme ; je crois effectivement que c'est François ; il me semble le reconnaître à sa voix. »

Ils se levèrent aussitôt tous deux et s'habillèrent à la hâte. Le père alluma une chandelle, et la mère alla ouvrir la porte. Elle regarda François, et, ne pouvant le méconnaître, elle se jeta à son cou et le serra étroitement entre ses bras. Jacques, agité des mêmes sentiments, embrassa à son tour son fils ; et ces trois personnes, charmées de se voir réunies après une si longue absence, ne pouvaient se rassasier du plaisir de s'en donner des marques.

Après des transports si doux, le banquier débrida son cheval et le mit dans une étable où se trouvait une vache, nourrice de la maison. Ensuite il rendit compte à ses parents de son voyage et des biens qu'il avait apportés de l'Inde. Le détail en fut long et aurait peut-être ennuyé des personnes indifférentes ; mais un fils qui raconte ses aventures ne saurait lasser l'attention d'un père

et d'une mère ; il n'y a pas pour eux de circonstance insignifiante : ils l'écoutaient avec
avidité, et les moindres choses qu'il disait
faisaient sur eux une vive impression de douleur ou de joie.

Dès qu'il eut terminé son récit, il leur dit
qu'il venait leur offrir une partie de ses biens,
et il pria son père de ne plus travailler. « Non,
mon fils, lui dit Jacques ; j'aime mon métier,
je ne le quitterai pas.

—Quoi donc ! répliqua le banquier, n'est-il
pas temps que vous vous reposiez ? Je ne vous
propose point de venir demeurer à Paris avec
moi ; je sais bien que le séjour de cette
grande ville n'aurait pas de charmes pour
vous. Je ne prétends pas troubler votre vie
tranquille ; mais du moins épargnez-vous un
travail pénible, et vivez ici commodément,
puisque vous le pouvez. »

La mère appuya le sentiment du fils, et
Jacques céda. « Eh bien ! François, dit-il,
pour te satisfaire je ne travaillerai plus pour
tous les habitants du village ; je raccommo-
derai seulement mes vieux habits et ceux de
M. le curé. »

Après cette convention, le banquier avala
deux œufs frais qu'on lui fit cuire, puis il se

coucha et s'endormit avec un plaisir que les enfants d'un excellent naturel sont seuls capables d'imaginer.

François passa trois jours avec ses parents; puis il leur laissa une bourse de cinq cents louis et retourna à Paris.

Mais, quinze jours après, il fut bien étonné de voir tout à coup son père entrer chez lui. « Quel sujet vous amène ici, mon père? lui dit-il.

— Mon fils, répondit le vieillard, je te rapporte ta bourse : reprends ton argent, je veux vivre de mon métier. Je meurs d'ennui depuis que je ne travaille plus.

— Eh bien! mon père, répliqua François, retournez au village, continuez d'exercer votre profession, mais que ce soit seulement pour vous désennuyer. Remportez votre bourse, et n'épargnez pas la mienne.

— Et que veux-tu que je fasse de ton argent? reprit Jacques.

— Servez-vous-en pour soulager les pauvres, répondit le banquier; faites-en l'usage que votre curé vous conseillera. »

Le bon vieillard, charmé de cette réponse, s'en retourna dans son village. Il continua, ainsi que sa femme, de travailler, mais sans prendre trop de fatigue. Tous les ans, leur fils allait les voir, et jamais on ne vit un fils plus heureux, ni de plus heureux parents.

CHAPITRE XIII.

✿

✿

Il ne suffit pas d'aimer nos parents ; il faut le leur prouver en ne négligeant rien de ce qui peut contribuer à leur bonheur.

Nous devons conserver avec eux un caractère empressé, aimable ; sans un tel caractère, on ne saurait ni être heureux soi-même, ni rendre heureux les autres.

Cette vertu est quelquefois un peu difficile à acquérir : nous avons d'abord de la peine à nous vaincre ; il nous en coûte pour ne jamais rien dire ni rien faire qui ne soit agréable aux personnes que nous aimons ; mais, du moment où cette habitude est acquise, l'effort cesse de nous être pénible, et nous recueillons de notre conduite les avantages les plus précieux.

Il est toujours fort mal de se laisser aller à la colère, et de montrer de la mauvaise humeur ; mais agir ainsi envers un père ou une mère, ce n'est pas seulement être extravagant ou bizarre, c'est être très-coupable.

S'ils tombent eux-mêmes dans ce défaut relativement à nous, ce n'est pas pour nous un motif d'excuse ; car ils ont des droits sur nous, et nous n'en avons pas sur eux : il ne nous est point permis de les blâmer. Si notre tendresse pour eux est vraiment respectueuse et filiale, ils ne sauraient jamais avoir tort à nos yeux.

Certes, après tous les bienfaits dont ils nous ont comblés, il est bien juste que, s'ils se montrent quelquefois envers nous trop exigeants ou trop sévères, nous supportions ces légers inconvénients en silence. Ce serait de notre part une dureté inexcusable que de leur faire sentir que nous les trouvons injustes ou dans leur conduite ou dans leur langage.

Soyons donc toujours patients, affectueux, empressés ; ne leur répondons jamais que d'une manière agréable. Et, de plus, ayons, pour eux ces soins et ces innombrables prévenances qu'une tendresse véritable inspire toujours.

Leur âge ne leur donne que trop de penchant à la tristesse : ne contribuons jamais à les chagriner ; bien au contraire, inventons tous les jours quelques nouveaux moyens de leur procurer du plaisir.

Si notre empressement et nos prévenances ne se démentent jamais, notre vue seule les ranimera et leur rendra la gaieté. Chaque sourire que nous ferons naître sur leurs lèvres, chaque étincelle de satisfaction que nous rallumerons dans leur cœur, contribuera à prolonger leurs jours et nous attirera de leur part de nouvelles bénédictions.

Ainsi nous recevrons une double récompense de notre conduite, l'une dans le bonheur de nos parents, l'autre dans le bonheur que leurs bénédictions attireront sur nous : car les bénédictions d'un père et d'une mère sont toujours exaucées de Dieu.

CHAPITRE XIV.

✿

✿

Le jeune Mirtil était sorti de sa maisonnette, et se promenait auprès d'un étang dont les eaux réfléchissaient l'éclat de la lune. Le calme des campagnes éclairées par cette douce lumière, la beauté de la soirée, les tendres accents du rossignol, le plongèrent pendant quelque temps dans une agréable rêverie.

Puis il revint sous le berceau de pampres verts qui ombrageait l'entrée de sa demeure. Là, il trouva son vieux père qui, couché sur le gazon, sommeillait paisiblement.

Le jeune homme, ému, s'arrête et contemple son père ; il éprouvait en le regardant un sentiment délicieux. Sa vue restait constamment fixée sur lui ; quelquefois seulement il regardait le ciel à travers le feuillage, et des larmes de joie et d'amour coulaient de ses yeux. Il disait :

« O vous! qu'après Dieu j'honore le plus, ô mon père! combien vous reposez doucement! Que le sommeil du juste est calme! Sans doute, vous serez sorti ce soir de la maison pour offrir votre prière à Dieu, et vos yeux se seront fermés doucement.

« Vous avez, sans doute, aussi prié pour moi. Que je suis heureux! Dieu écoute vos prières. Si nos champs se couvrent de fécondes moissons, si nos prés nourrissent de nombreux troupeaux, c'est que le Ciel nous bénit tous à cause de votre vertu.

« Lorsque, touché de mes soins pour votre vieillesse, vous répandez des larmes de joie, et qu'élevant vos regards vers le ciel vous appelez ses bénédictions sur ma tête, oh! quelle félicité fait palpiter mon cœur!

« Comme vous souriez au milieu de votre sommeil! Ah! sans doute, vous rêvez à quelques-unes de ces bonnes actions que vous faites si souvent..... Mais je crains que le vent frais du soir ou la rosée ne vous nuise dans votre sommeil. »

A ces mots, il lui baise le front pour l'éveiller doucement, et le conduit dans la maison pour lui procurer un sommeil plus commode.

CHAPITRE XV.

✿

UNION FRATERNELLE.

✿

Une des meilleures preuves de respect que nous puissions donner à nos parents, c'est d'aimer tendrement et nos frères et nos sœurs, et de vivre toujours avec eux en parfaite intelligence.

Rien n'est plus agréable pour un père et pour une mère que le spectacle de l'union entre leurs enfants.

Le plus fort ne doit jamais abuser de ses avantages ; il doit, au contraire, être plein de complaisance et de douceur pour le plus faible. Le plus faible, de son côté, ne doit pas abuser de cette patience qu'on lui témoigne, et il doit s'abstenir soigneusement de ce qui pourrait irriter ses frères.

Entre frères, les injures et les coups ne devraient jamais être connus. Comment vivrons-nous bien avec les étrangers, si nous ne savons pas conserver l'union avec les membres de notre propre famille ?

C'est aussi un devoir pour nous que de leur donner constamment le bon exemple, et de les exciter, par notre conduite et par notre langage, à faire ce qui peut être agréable à nos parents.

Sous ce rapport, les plus âgés ont un devoir important à remplir : comme ils sont plus raisonnables que les autres, et que leur exemple peut avoir plus d'influence, ils sont plus strictement obligés à être pour eux des modèles irréprochables d'obéissance et de bonne conduite.

Un frère aîné doit en outre donner des soins à ses jeunes frères et sœurs, les avertir et les reprendre amicalement quand ils tombent dans quelque faute, et se considérer comme étant en quelque sorte, dans leur éducation, l'aide et le remplaçant du père et de la mère. C'est un grand honneur ; et c'est en même temps une obligation sacrée.

Les jeunes garçons doivent à leurs sœurs toutes sortes d'égards et de déférence. Comme elles sont plus faibles et plus délicates, elles ont droit à plus de ménagement. Il faut les consoler dans leurs peines, les aider dans leurs travaux. Il faut surtout ne jamais leur parler avec vivacité ou dureté, ni rien dire en leur présence qui puisse leur être désagréable à entendre. Il faut respecter leur modestie, et ménager leur sensibilité.

Les frères et les sœurs doivent toujours se prévenir les uns les autres par toutes sortes de marques d'intérêt et d'affection. Les frères doivent, s'il est possible, tâcher de surpasser leurs sœurs dans ce combat d'amitié. Plus ils auront de prévenances pour elles, plus on estimera leur politesse et leurs bons sentiments; et la douce union qui règnera dans la famille charmera le cœur de leur père et de leur mère.

CHAPITRE XVI.

✹

LA MOISSON DE FLEURS.

✹

La petite Eugénie avait passé la plus grande partie du printemps dans son lit. Quand elle fut convalescente et qu'elle commença à reprendre ses forces, elle pensa aux fleurs, et demanda si cette année elles étaient aussi belles que l'année passée. Eugénie aimait beaucoup les fleurs ; mais elle ne pouvait pas encore sortir pour en cueillir.

Alors son frère Eugène prit une corbeille, et dit tout bas à sa mère : Je vais aller lui chercher les plus belles fleurs des champs. A mon retour, comme elle sera contente !

Et il alla dans la campagne pour la première fois ; car il n'avait pas quitté la chambre de sa sœur depuis qu'elle était malade. Le printemps lui parut plus beau que jamais : la joie qu'il éprouvait de voir sa sœur sauvée donnait pour lui à toute la nature un charme de plus.

Eugène courait joyeusement de côté et d'autre, montant et descendant la colline. Les rossignols chantaient ; les abeilles bourdonnaient ; les papillons voltigeaient autour de lui, et les plus belles fleurs s'épanouissaient à ses pieds. Il allait de l'une à l'autre en chantant.

La corbeille fut bientôt remplie. Il mit par-dessus une couronne faite avec des grains rouges enfilés à un brin d'herbe comme des perles. Puis il regarda en souriant son ouvrage, et s'assit sur la mousse tendre à l'ombre d'un chêne. Là, il contemplait tranquillement la campagne dans tout l'éclat du printemps, et écoutait le chant des rossignols qui se répondaient. Comme il était fatigué, il s'endormit.

Pendant qu'il dormait tranquillement, un orage arriva. Le nuage obscur monta en silence ; les éclairs brillèrent et le tonnerre retentit. Tout à coup le vent mugit dans les branches du chêne. L'enfant tressaillit et s'éveilla. Il vit tout autour de lui le ciel enveloppé de nuages menaçants ; pas un rayon de soleil n'éclairait la campagne. Un violent coup de tonnerre suivit son réveil ; le pauvre enfant restait comme étourdi devant ce bouleversement inattendu,

Hélas ! c'est ainsi que les plaisirs que l'on goûte sur la terre sont souvent troublés par quelques orages soudains.

De grosses gouttes de pluie commencèrent à percer à travers les feuilles du chêne. L'enfant effrayé saisit la corbeille et s'enfuit. L'orage était sur sa tête, et la pluie et la tempête augmentèrent ; et le tonnerre grondait d'une manière effroyable. Les vêtements d'Eugène furent bientôt percés par la pluie : l'eau ruisselait le long de ses cheveux et de ses épaules ; à peine pouvait-il poursuivre son chemin. Pour surcroît d'infortune, un violent coup de vent pénétra dans la corbeille, et dispersa sur la terre les fleurs amassées avec tant de soin.

« Mon Dieu ! s'écria-t-il, après que je me suis donné tant de mal pour faire un peu de plaisir à ma sœur, faut-il que tout soit perdu ! » Plein de colère, il jeta à terre la corbeille vide et arriva à la maison, sanglotant et tout trempé.

L'orage se dissipa et le ciel s'éclaircit. Les oiseaux recommencèrent leurs chants, et le laboureur son travail ; l'air était épuré et rafraîchi ; un doux calme régnait dans la vallée et sur les collines. La nature entière semblait rajeunie; et les habitants de la campagne, pleins de joie et de reconnaissance, élevaient leurs regards vers le nuage qui s'éloignait après avoir apporté à leurs champs la bénédiction et la prospérité.

Eugène fut honteux de son découragement et de son dépit. Il retourna en silence pour chercher sa corbeille qu'il avait jetée à terre et pour la remplir de nouvelles fleurs. La corbeille était encore sur le penchant de la colline. Un buisson l'avait retenue et protégée contre la violence du vent. L'enfant la ramassa; mais quel fut son étonnement et sa joie, lorsqu'en jetant les yeux autour de lui, il vit que la pluie avait fait naître mille fleurs nouvelles! Mille boutons s'étaient ouverts, et les gouttes de rosée étincelaient sur les feuilles comme des diamants. Eugène allait d'une fleur à l'autre, comme une abeille, et sa corbeille fut bientôt remplie.

Alors le soleil se pencha derrière la montagne. L'enfant retourna avec joie à la maison, considérant avec ravissement son trésor de fleurs et sa couronne de grains rouges fraîchement cueillis.

Les rayons du soleil couchant éclairaient son visage plein de grâces, et son œil devint encore plus brillant et plus tendre, quand il vit la joie et la reconnaissance de son aimable sœur.

« N'est-il pas vrai, Eugène, lui dit sa mère, les plaisirs que nous procurons aux personnes qui nous aiment sont ceux qui nous font jouir le plus? »

Ainsi Eugène fut doublement heureux : heureux d'avoir fait plaisir à sa sœur ; plus heureux encore d'avoir mérité l'approbation de sa mère.

CHAPITRE XVII.

❈

SOINS. — SACRIFICES. — DÉVOUEMENT.

❈

Quand notre père et notre mère avancent en âge et ne peuvent plus pourvoir par eux-mêmes à tous leurs besoins, notre devoir est de travailler póur eux, de subvenir à leur nourriture et à leur entretien, et de leur procurer tout ce qui contribue à rendre l'existence agréable.

Ce devoir est évidemment imposé par la reconnaissance. Les lois nous le prescrivent; la nature nous l'inspire.

Il est clair que ceux à qui nous devons notre existence ont droit à ce que nous fassions tout ce qui dépend de nous pour conserver la leur.

Il est clair aussi que ceux qui nous ont soignés, nourris, élevés, à un âge où nous ne pouvions rien pour nous-mêmes, doivent être soignés, nourris, secourus par nous, quand leur position et la nôtre ont changé, que nous sommes devenus forts et qu'ils sont redevenus faibles.

En nous acquittant scrupuleusement de ce devoir, nous ne méritons aucun éloge, nous ne faisons que remplir une obligation à laquelle nous ne pouvons nous soustraire ; nous payons une dette. Celui qui ne la paierait pas ne serait pas seulement un misérable, dénué de tous sentiments honnêtes ; ce serait un voleur et un lâche, car il a reçu et ne rend pas.

C'est ce que fait comprendre la réponse ingénieuse qu'un honnête paysan fit un jour à un prince.

Ce prince lui demandait quel emploi il faisait de l'argent qu'il gagnait par son travail.

« Je le divise en trois parts, répondit le paysan : la première sert à payer mes dettes ; la seconde est employée à mes dépenses et à celles de ma femme ; et quant à la troisième, je la place à gros intérêts.

— Que voulez-vous dire par là ? demanda le prince.

— Le voici, répondit le bonhomme. Je consacre la première part à soutenir mes parents âgés : n'est-ce pas payer une dette ? Je consacre la troisième à élever mes enfants : n'est-ce pas la placer à gros intérêts? »

Le prince admira cette réponse, qui lui parut pleine de bons sentiments et de raison.

Un fils tendre et reconnaissant regarde l'accomplissement de ce devoir comme un véritable bonheur.

Qu'il est doux en effet de consacrer à des parents chéris ses soins et ses forces! Qu'il est doux de leur offrir les fruits de son travail! Qu'il est doux de répandre sur leurs derniers jours l'aisance et le bonheur!

C'est une félicité inexprimable que de pouvoir se dire à soi-même :

« Jamais, non jamais, je ne pourrai rendre
« à mes parents qu'une bien faible partie de
« ce que j'ai reçu d'eux. Mais, si je ne puis
« égaler leurs bienfaits par ma reconnais-
« sance, je tâche du moins d'en approcher :
« s'ils ont guidé mes premiers pas, aujour-
« d'hui j'aide leur marche chancelante; s'ils
« m'ont donné d'utiles leçons, je leur prouve
« aujourd'hui que j'en ai profité; s'ils m'ont
« mis en état de gagner honorablement ma
« vie, je soutiens aujourd'hui la leur; s'ils
« ont veillé sur mon enfance, je rends leur
« vieillesse heureuse. »

C'est là le bonheur le plus vrai que puisse goûter un homme dont le cœur est noble et pur. Il ne se contente pas de veiller à ce que ses parents ne manquent de rien ; il a soin qu'ils aient plus que le nécessaire ; il aime mieux s'en priver lui-même, pour leur procurer les jouissances dont on peut se passer à un autre âge, mais qui sont pour les vieillards un adoucissement et une consolation dans leurs maux.

Il ne se contente pas de remplir ce devoir d'une manière irréprochable ; il y joint une bonne grâce et une délicatesse de procédés qui en augmentent le mérite et en doublent le prix.

Et tous les jours il prie Dieu de lui conserver de vieux et respectables parents, dont la présence au sein de sa famille est une bénédiction du Ciel.

C'est ainsi que nous devons soigner nos parents dans leur vieillesse.

Dans les autres occasions où ils peuvent avoir besoin de nous, notre cœur nous dit assez ce que nous avons à faire. Pour les soigner dans une maladie, pour les tirer d'un danger, pour faire cesser leurs peines, nous devons être prêts à tout souffrir, à tout entreprendre, à tout faire.

Les bons pères et les bonnes mères qui se sacrifient pour leurs enfants ne sont pas rares ; mais on voit aussi bien souvent des fils généreux ou des filles dévouées dont la belle conduite est un sujet d'admiration et d'attendrissement.

Ces beaux et nobles exemples sont infiniment nombreux. Nous citerons seulement celui d'une jeune fille de dix-huit ans qui póur rendre la liberté à son père s'exposa à tous les dangers. Cette jeune fille n'a pas reçu le jour dans notre pays ; mais, par son courage et par sa tendresse filiale, elle méritait d'être née en France.

CHAPITRE XVIII.

HISTOIRE D'ÉLISABETH.

Un officier russe nommé Lopouloff avait un ennemi puissant qui l'accusa faussement d'un crime et qui parvint à le faire condamner. Ce malheureux fut relégué en Sibérie et condamné à passer le reste de ses jours dans un des cantons les plus sauvages de ce pays horrible. Là, il endurait toutes sortes de maux et de privations; il ne recevait pour se nourrir et pour s'entretenir, avec sa femme et sa fille, que six sous par jour.

Il regrettait continuellement sa patrie et sa liberté, et il passait des journées entières plongé dans la plus sombre tristesse.

La jeune Élisabeth, sa fille, contribuait par son travail à la subsistance de ses parents; tantôt elle aidait les blanchisseuses du village; tantôt elle travaillait chez les laboureurs; et elle rapportait en paiement du pain, des œufs et quelques légumes. Cependant Élisabeth voyait avec douleur que son père était bien malheureux. Depuis quatorze ans qu'il était privé de sa liberté, il ne pouvait s'accoutumer à sa position, et il s'abandonnait souvent aux accès du plus violent désespoir. Alors Élisabeth conçut une idée aussi extraordinaire que courageuse : ce fut de partir pour Pétersbourg, capitale de la Russie, et d'aller demander à l'empereur la grâce de son père. Pétersbourg est à plus de mille lieues du désert où gémissait Lopoulouff ; personne dans cette grande capitale ne le connaissait ni ne prenait le moindre intérêt à son sort ; Élisabeth et ses parents ne possédaient pas un écu ; et cependant cette fille admirable, plaçant toute sa confiance en Dieu, résolut de mettre cette idée à exécution.

Elle n'osait pas d'abord en parler à son père, mais enfin elle s'enhardit et lui dit :

« Mon père, je vous en prie, permettez-moi d'aller à Pétersbourg demander votre grâce à l'empereur. J'espère que Dieu me fera la faveur de réussir. »

A ces mots, Lopouloff éclata de rire, prit sa fille par la main, la conduisit vers sa mère qui apprêtait le dîner, et s'écria :

« Ma femme, bonne nouvelle! tous nos malheurs vont finir ; voici une grande dame qui veut bien se donner la peine d'aller pour nous à Pétersbourg et qui aura la complaisance de parler elle-même à l'empereur.

— Elle ferait mieux, dit la mère, d'être à son ouvrage que de nous conter ainsi des niaiseries. » Puis, voyant que la pauvre fille pleurait, la mère l'embrassa en riant : « Allons, lui dit-elle en lui présentant un linge, commence par nettoyer la table ; tu t'occuperas ensuite de ta visite à l'empereur. »

Élisabeth, voyant qu'on se moquait d'elle, n'osa plus parler de son projet ; mais elle y pensait toujours, et dans ses prières elle demandait continuellement à Dieu de lui faire accorder par son père la permission de partir.

Trois ans après (elle avait alors dix-huit ans), elle renouvela sa demande : son père et sa mère virent bien qu'elle parlait sérieusement, et tâchèrent de la dissuader par leurs caresses et par leurs larmes :

« Nous sommes déjà vieux, disaient-ils, auras-tu le courage de nous abandonner dans ce désert, pour entreprendre un voyage qui te conduira certainement à ta perte ? »

Cependant elle les pria tant qu'ils finirent

par consentir. Elle obtint un passe-port qu'on ne pouvait pas lui refuser, parce qu'elle n'était pas condamnée avec son père.

Élisabeth était au comble de la joie: « Mon père, disait-elle, vous ne vous repentirez pas de m'avoir écoutée. Oui, j'arriverai à Pétersbourg, je me jetterai aux pieds de l'empereur, et Dieu le touchera en votre faveur. — Hélas! pauvre enfant, répondait Lopouloff, crois-tu donc que l'on puisse parler à l'empereur si facilement? Son palais est gardé de tous côtés par des soldats, et tu ne pourras jamais entrer. Sans argent, sans habits, sans recommandation, obligée de mendier, que deviendras-tu? »

Élisabeth sentait bien que son père avait raison, mais elle mettait sa confiance en Dieu.

Elle reçut à genoux la bénédiction de ses parents et partit.

Elle n'emportait qu'une valeur d'à peu près cinq ou six francs, en grosse monnaie de cuivre; et elle était toute seule. Mais le généreux courage dont elle était animée lui tenait lieu de trésors, et sa confiance en Dieu lui tenait lieu de garde et d'escorte.

Elle éprouva dans ce voyage des fatigues inouïes; elle y essuya d'effroyables dangers.

Elle ne connaissait pas la route qu'il fallait suivre ; et quand elle demandait le chemin de Pétersbourg qui était si loin, on croyait qu'elle était folle, et on se mettait à rire. Aussi elle se trompa souvent de route : ce qui allongea considérablement son voyage.

Elle s'arrêtait plus ou moins dans différents villages, selon que la fatigue l'y obligeait, et d'après l'accueil qu'elle recevait des habitants. Elle tâchait, pendant le séjour qu'elle y faisait, de se rendre utile, en balayant la maison, en lavant le linge ou en cousant pour ses hôtes.

Souvent on la repoussait en lui donnant des noms injurieux ; alors elle s'éloignait en pleurant. Et souvent aussi des personnes qui l'avaient ainsi rejetée, touchées de ses larmes et de son air décent, la rappelaient et la traitaient bien.

Son passe-port lui fut extrèmement utile ; elle fut souvent obligée de le montrer pour se tirer d'embarras.

Une fois, un violent orage la surprit sur le soir. Elle chercha un refuge dans un bois. Elle se plaça sous un sapin entouré de hauts buissons pour se préserver de la violence des vents. La pauvre enfant y passa toute la nuit exposée aux torrents de la pluie. Le lendemain, mourant de froid et de faim, et toute couverte de boue, elle arriva dans une cabane où elle fut assez bien reçue, mais où elle resta malade pendant quelque temps.

Dans une autre circonstance, elle fut attaquée par une troupe de chiens qui l'entourèrent. Elle se mit à courir en se défendant avec son bâton, ce qui ne fit qu'augmenter leur rage. Un de ces animaux saisit le bas de sa robe et la déchira. Elle se jeta à terre en se recommandant à Dieu. Elle sentit même avec horreur un des plus furieux appuyer son nez froid sur sa tête pour la flairer. Mais Dieu veillait sur elle. Les chiens ne lui firent aucun mal ; un paysan qui passait les dispersa.

Un jour elle traversait des marécages couverts de glace ; elle se perdit ; et, après bien des efforts, elle arriva dans un lieu sauvage entouré de bois épais. La nuit approchait ; elle frissonnait de crainte ; tout à coup des hommes sortirent du bois : c'étaient des brigands ; leur physionomie farouche l'épouvanta. Ces hommes s'avancèrent, la regardèrent d'un air sinistre et lui demandèrent durement ce qu'elle faisait là.

Élisabeth leur dit d'une voix tremblante :

« Je viens du fond de la Sibérie, et je vais demander à l'empereur la grâce de mon père. »

Les bandits étonnés voulurent savoir quel argent elle possédait pour faire une si longue route. Elle avait quelques pièces de cuivre et elle les leur montra ; ces misérables furent attendris.... Non-seulement ils ne lui firent point de mal ; mais ils lui firent part de leurs provisions et lui indiquèrent son chemin.

Quand elle arriva à Kazan, un grand vent qui soufflait depuis plusieurs jours avait amassé beaucoup de glaçons sur les rives du Volga. Le passage de ce fleuve était presque impraticable. On ne pouvait le traverser que partie en nacelle et partie à pied, en sautant de glaçon en glaçon. Les bateliers n'osaient aller d'un bord du fleuve à l'autre. Élisabeth, sans examiner le péril, voulut entrer dans un de leurs bateaux. Ils la repoussèrent brusquement en la traitant de folle, et en jurant qu'ils ne permettraient pas qu'elle traversât le fleuve avant qu'il fût entièrement gelé. Elle leur demanda combien de temps il fallait attendre : « Au moins quinze jours, » répondirent-ils. Alors elle résolut de passer sur-le-champ. « Je vous en prie, leur dit-elle d'une voix

suppliante, au nom de Dieu, aidez-moi à traverser le fleuve. Je viens du fond de la Sibérie,
je vais demander à l'empereur la grâce de
mon père qui a été injustement condamné.
La route est déjà si longue ! Faut-il que je
perde encore ici quinze jours ! »

Ces paroles touchèrent un des bateliers. Il
prit Élisabeth par la main : « Venez, lui
dit-il, je vais essayer de vous conduire; vous
êtes une bonne fille, craignant Dieu et aimant votre père ; le Ciel vous protégera. »

Il la fit entrer avec lui dans la barque, et
navigua jusqu'à moitié du fleuve : alors ne
pouvant aller plus loin, il prit la jeune fille
sur ses épaules, et marchant sur la glace en se
soutenant sur son aviron, il atteignit avec elle
sans accident l'autre rive du Volga.

Élisabeth, pleine de reconnaissance, après
l'avoir remercié, voulut lui donner quelque
chose. Elle tira sa bourse, qui contenait encore quelques pièces de cuivre. « Pauvre fille,
dit le batelier, voilà donc tout ce que vous
possédez ! Vous n'avez que cela pour aller à
Pétersbourg ? et je vous en prendrais une
partie ! Non, je veux plutôt y ajouter ; cela
me portera bonheur, ainsi qu'à mes enfants. »
Alors il lui jeta une petite pièce de monnaie,

et s'éloigna en lui criant : « Que Dieu veille sur vous ! »

Quelque temps avant d'arriver à Moscou, la pauvre Élisabeth commençait à manquer de tout ; ses chaussures étaient déchirées, ses habits étaient en lambeaux, et le froid était terrible. La neige couvrait la terre de plus de deux pieds d'épaisseur : quelquefois, en tombant, cette neige se gelait en l'air et semblait une pluie de glaçons qui ne permettait de distinguer ni ciel, ni terre.

On ne saurait dire combien cette fille généreuse courut de dangers ; néanmoins, elle était toujours pleine de courage et même gaie : elle pensait continuellement à Dieu et à son père, et cette pensée lui donnait une force incroyable.

Dans une des villes situées sur sa route elle avait été reçue dans un couvent dont la supérieure lui avait remis des lettres pour une dame de Moscou et pour une autre dame qui demeurait à Pétersbourg. La dame de Moscou reçut très-bien Élisabeth et lui donna une chaussure et des vêtements neufs. Heureuse de ce bon accueil, elle se remit gaîment en route, et arriva enfin à Pétersbourg, dix-huit mois après son départ de Sibérie.

Elle fut d'abord comme perdue dans cette ville immense ; enfin elle parvint à trouver la dame à qui elle était recommandée, qui la logea chez elle et la traita avec beaucoup de bonté.

Mais comment parvenir jusqu'à l'empereur ? Cela était encore plus difficile que tout ce qu'elle avait fait jusqu'alors. Quand Élisabeth se présenta aux portes du palais et demanda à voir l'empereur, les soldats éclatèrent de rire. Elle s'éloigna toute confuse.

Elle passa près de deux mois en démarches inutiles. Enfin une personne charitable parla d'elle à la femme d'un officier des gardes. Cette dame connaissait la femme d'un secrétaire de l'impératrice, et la pria d'accorder à Élisabeth un moment d'entretien.

La femme du secrétaire y consentit. Élisabeth se présenta à elle et lui raconta son histoire. Cette femme généreuse en fut vivement touchée et lui dit :

« Vous êtes une excellente fille ; Dieu, qui vous a protégée jusqu'à ce moment, ne vous abandonnera pas. Il se servira peut-être de mon mari pour vous faire réussir. »

Le mari arrivait dans ce moment et promit de parler à l'impératrice dans la journée. Il pria Élisabeth de dîner chez lui, et il alla ensuite au palais.

L'impératrice ordonna qu'Élisabeth lui fût amenée le même soir à six heures. La pauvre enfant ne s'attendait pas à tant de bonheur. Lorsqu'elle en sut la nouvelle, elle pâlit et fut près de se trouver mal.

Reprenant ses forces, elle leva vers le ciel ses yeux pleins de larmes : « O mon Dieu, s'écria-t-elle, ce n'est donc pas en vain que j'ai mis mon espoir en vous! » Puis elle baisait les mains de la femme du secrétaire et les arrosait de ses pleurs.

Sur le soir, le secrétaire la conduisit au palais. L'impératrice reçut la pauvre fille avec une extrême bonté et l'interrogea sur toutes les circonstances de son histoire. Élisabeth, qui était d'abord toute tremblante, se rassura peu à peu : « O madame, dit-elle à l'impératrice, mon père est innocent; je ne demande pas grâce pour lui; je demande qu'on fasse la révision de son procès et qu'on lui rende justice. »

L'impératrice, touchée jusqu'aux larmes, loua son courage et sa piété filiale, et lui fit remettre cent pièces d'or pour ses premiers besoins, en attendant de nouveaux bienfaits.

Élisabeth était si reconnaissante, si heureuse, qu'elle ne put remercier l'impératrice que par des pleurs et par des sanglots.

L'empereur, sur la demande de l'impératrice, ordonna la révision du procès de Lopouloff.

Pendant qu'on y travaillait, toutes les dames de la Cour montraient à Élisabeth une extrême bonté. L'une d'elles, un jour, voulut lui faire voir toutes les curiosités du palais impérial. En passant dans un grand salon, cette dame lui fit remarquer le trône. Élisabeth s'arrêta, saisie de respect et de crainte : « Ah! mon Dieu! dit-elle, voilà donc le trône de l'empereur! » Elle se mit à genoux au pied du trône, elle en baisa les marches avec transport.

« O mon père, disait-elle, voyez où la puissance de Dieu m'a conduite! O mon Dieu! bénissez ce trône, bénissez celui et celle qui l'occupent, et soyez-leur aussi favorable qu'ils sont bons pour nous! »

L'innocence de Lopouloff fut solennellement reconnue; l'arrêt de sa délivrance fut proclamé. L'empereur lui accorda une pension considérable, réversible sur sa femme et sur sa fille. L'impératrice combla Élisabeth de présents et de bontés.

On envoya en Sibérie un courrier chargé de ramener sur-le-champ Lopouloff et sa femme dans une voiture commode. Cet heureux père et cette heureuse mère, de retour dans leur pays, vécurent jusqu'à une extrême vieillesse ; et leur tendre et excellente fille ne cessa de faire la gloire et le bonheur de leurs vieux jours.

CHAPITRE XIX.

✪

RESPECT DU AUX SUPÉRIEURS, AUX VIEILLARDS ET AUX BIENFAITEURS.

✪

Il est des personnes pour qui nous devons éprouver un sentiment qui se rapproche plus ou moins du sentiment filial.

D'abord notre roi : le roi est le père de la patrie, et à ce titre il a droit à la vénération, à l'amour et à l'obéissance de tous les Français. C'est lui qui maintient par son autorité le règne des lois, l'ordre, la liberté ; il consacre ses soins et ses veilles au bonheur du peuple ; et le peuple, de son côté, doit lui rester fidèle, lui obéir et le défendre. Accoutumons-nous dès notre plus tendre enfance à honorer sa personne, à bénir son nom et à prier Dieu pour lui et pour sa famille.

Toutes les personnes qui sont dépositaires d'une partie de son autorité ont droit à nos hommages ; ainsi nous devons du respect à nos magistrats, à nos chefs et à tous les agents de la puissance publique.

Les ministres de la religion doivent être aussi, dès notre enfance, l'objet de notre vénération : il ne suffit pas de respecter leurs personnes, il faut suivre leurs préceptes ; il faut écouter avec une attention pieuse la divine morale qu'ils nous prêchent de la part de Dieu ; il faut surtout y conformer notre conduite.

L'instituteur qui a donné des soins à notre enfance est le ministre dont Dieu et nos parents se sont servis pour développer en nous la raison, et pour nous accoutumer aux bonnes mœurs : à ce titre, il doit toujours nous être cher. Pendant que nous sommes ses élèves, nous devons écouter ses leçons avec une attention soutenue, nous acquitter avec zèle de la tâche qu'il nous impose, lui obéir, lui dire toujours la vérité, et recevoir sans murmure les observations et les reproches qu'il nous adresse. Lorsque notre instruction est terminée, nous devons conserver pour lui une vive reconnaissance, et lui donner des marques d'attachement et d'estime.

Un enfant doit toujours montrer du respect à toutes les personnes plus âgées que lui, mais surtout aux femmes et aux vieillards.

Celui qui se moque d'un vieillard est un méchant et un lâche, que tout le monde méprise. Il faut honorer les vieillards en toute manière, supporter avec patience la mauvaise humeur que leur âge leur inspire quelquefois, leur céder partout les meilleures places, et leur montrer toutes sortes de déférences et d'égards.

Si une personne a fait du bien à notre père ou à notre mère, n'en perdons jamais le souvenir. Que cette personne soit pour nous l'objet d'un respect tout particulier.

Un fils ne doit point épouser les haines de son père; mais il doit partager la reconnaissance que ce même père a vouée à ses bienfaiteurs, et il doit regarder cette reconnaissance comme une partie précieuse de son héritage.

Quelquefois un enfant, ou abandonné ou malheureux, a reçu d'un parent ou d'un étranger des soins paternels. Tantôt c'est un oncle qui élève son neveu et qui se charge de sa tutelle : tantôt c'est une personne charitable qui prend pitié d'un orphelin, qui pourvoit à ses besoins, qui veille sur son enfance, et qui lui apprend ou lui fait apprendre un métier qui le met en état de gagner sa vie,

Un bienfaiteur aussi généreux acquiert tous les droits d'un père et d'une mère. L'enfant doit être pour lui respectueux, aimant, soumis, confiant, docile ; il doit conserver pour lui une reconnaissance tendre et pieuse, qui se manifeste pendant tout le cours de sa vie et qui ne cesse qu'à la mort.

C'est ce que fit Julien, dont nous allons voir l'histoire.

Ainsi nous terminons ce petit livre, destiné aux enfants, comme nous l'avons commencé, en leur rappelant que la reconnaissance est un devoir sacré : sans reconnaissance point de vertu, et, par conséquent, point de bonheur.

CHAPITRE XX.

HISTOIRE DE JULIEN.

JULIEN était le fils d'un pauvre menuisier, qui mourut, le laissant dans l'abandon et dans la plus profonde misère. Un homme riche, nommé M. Dulac, eut pitié du pauvre orphelin, et le mit en pension pour lui faire apprendre le métier de son père.

Lorsque Julien eut seize ans, M. Dulac le fit venir; et, lui remettant une bourse, il lui dit : « Julien, jusqu'ici tu t'es bien conduit; tout le monde m'a parlé de toi avec éloge : continue. Voici une petite somme que je te donne pour faire ton tour de France. Il faut voyager pour te perfectionner dans ton métier. Adieu ! reviens honnête homme, si tu veux être un jour un homme heureux.; car il n'y a de bonheur que pour les honnêtes gens. »

Julien avait un cœur excellent. Il pleura

beaucoup en quittant son bienfaiteur; il ne pouvait s'arracher d'auprès de lui, il lui semblait qu'il ne le reverrait plus. Enfin il partit.

Il voyagea pendant cinq ans, toujours travaillant de toutes ses forces se conduisant très-bien, méritant l'estime de ses compagnons et de ses maîtres. Puis il voulut revenir dans son village natal. Il lui tardait de revoir les lieux où il avait passé son enfance; il lui tardait surtout de revoir son bienfaiteur. Il n'avait pas passé un seul jour sans penser à lui.

Mais quelle fut sa désolation lorsqu'il arriva dans son village! il apprit que M. Dulac venait de mourir presque subitement.

Julien fut accablé d'un chagrin mortel. Il ne regrettait pas M. Dulac à cause du bien que cet homme généreux pouvait encore lui faire, mais à cause de celui qu'il lui avait fait.

Pendant quelques jours il fut incapable de faire autre chose que de pleurer. Il se mit ensuite à l'ouvrage. Il n'avait rien, mais il était devenu habile dans son métier, et on s'empressa de le faire travailler. Accoutumé à l'économie, il se logea dans une petite cave en attendant que son travail lui permît de se loger plus commodément.

Au bout de quelques jours, il apprit que les héritiers de M. Dulac venaient d'arriver et faisaient une vente de tous les meubles qui lui avaient appartenu. Julien y alla, non par curiosité, mais pour revoir le lieu qu'avait habité son bienfaiteur. Lorsqu'il entra dans le château, son cœur se serra et ses yeux se mouillèrent de larmes.

Bientôt à sa douleur se mêla l'indignation, lorsqu'il vit que la nièce et le neveu de M. Dulac faisaient vendre tous les meubles d'un oncle qui avait été si bon pour eux. « Ah! disait-il, si j'étais à leur place, je conserverais tout par respect pour sa mémoire. »

Il allait se retirer, quand il entendit crier : « A trois francs le tableau ! » Quelle ne fut pas son indignation ! c'était le portrait de son bienfaiteur !

A cette vue, son cœur se serra. « Ah! les ingrats ! s'écria-t-il, ils vendent le portrait de leur oncle!... Eh bien! je vais l'acheter, moi ; l'image d'un homme qui m'a fait tant de bien ne tombera pas dans des mains inconnues. »

Julien ne possédait au monde que cinq

francs, il les offrit, et le portrait lui fut adjugé.

Il le détacha avec transport. Il ne pouvait s'empêcher de baiser cette bouche qui lui avait tant de fois souri avec bonté, et ces mains qui s'étaient tant de fois ouvertes pour le secourir.

Il emporta le portrait pour le suspendre dans sa petite cave. Mais, en l'emportant, il fut étonné de le trouver très-lourd. Il voulut le placer à la muraille; le clou se brisa et le portrait tomba. Julien releva le tableau avec précaution; il s'était un peu déchiré par derrière, et un rouleau sortait de la toile du fond. Julien prend ce rouleau, il l'ouvre. Quel fut son étonnement! il y trouva cent louis. Il y avait entre les deux toiles quatre autres rouleaux semblables; le tout formait une somme de cinq cents louis.

« Ciel! s'écria Julien en bondissant de joie autour de son trésor, me voilà donc devenu riche! »

Cependant une idée vint le tourmenter : « Cet argent, se dit-il, est-il bien à moi? On m'a vendu le tableau, il est vrai; mais l'aurait-on donné pour cinq francs si l'on avait su qu'il renfermait cinq cents louis? Non; cet argent ne m'appartient pas, il faut le rapporter aux héritiers de M. Dulac. »

Pendant qu'il formait cette résolution digne d'un jeune homme qui avait de l'honneur et de la probité, il aperçut à terre un petit billet qui était tombé avec les rouleaux et qu'il n'avait pas vu d'abord. Il le ramassa, et il l'ouvrit. Le billet était ainsi conçu :

« Je crains bien que mes héritiers ne soient
« des ingrats... S'ils ont la lâcheté de ven-
« dre mon portrait, il sera sans doute acheté
« par quelqu'un de ceux à qui j'ai fait du
« bien. La somme que le tableau renferme
« sera pour lui. Je la lui donne. »

« Dulac. »

Julien fut au comble de la joie. Il pouvait garder cette somme en conscience, et il la garda. Il ne cacha pas le bonheur qui lui était survenu. Cette nouvelle courut tout le pays et fit plaisir à tout le monde, excepté aux héritiers de M. Dulac. Ils intentèrent un procès à Julien; mais le billet de son bienfaiteur lui fit gagner sa cause. Le neveu et la nièce furent condamnés aux frais et aux dépens; tout le monde se moqua de leur avarice et de leur ingratitude.

Julien suspendit dans sa chambre le portrait de son bienfaiteur, et ne passa pas un seul jour sans contempler ses traits et sans bénir sa mémoire.

FIN.

TABLE.

FIN DE LA TABLE.